Entdecker gesucht!

Deutsches Sprichwort

Die Bibel wird als »Buch der Bücher« bezeichnet. Dieses Buch, das Weltgeschichte geschrieben und das Leben von Millionen geprägt hat, sollte man kennen. Doch für manche Menschen ist sie ein unergründliches Buch mit sieben Siegeln. Für andere gehört sie als Kulturgut zur Hausbibliothek, wo sie ungelesen verstaubt. Für wieder andere ist die Bibel ein zeitlos relevantes Buch, das sie im Alltag begleitet und ermutigt, sie in Fragen, Zweifeln und Sorgen stützt. Sie bietet mehr als gesammelte Weisheiten aus Tausenden von Jahren. In ihren Texten wird Gott vorgestellt – mit seinem Wesen, seiner Absicht für den Menschen, seiner Geschichte mit der Welt, vom Anfang bis zum Ende.

Gläubige Menschen – Juden wie Christen – haben über Jahrhunderte hinweg in den Texten der Bibel Gott gefunden, seinen Zuspruch erfahren und von den Erfahrungswerten vieler Generationen gelernt.

Heute noch die Bibel zu lesen mag jedoch konservativ oder langweilig scheinen. Wir leben in einer Zeit, in der das Exotische reizvoll und anziehend wirkt – ob in der Urlaubsplanung oder der Auseinandersetzung mit anderen Religionen. Buddhismus, Sufismus oder Esoterik üben einen starken Sog aus; der christliche Glaube dagegen weckt wenig Interesse. Vielleicht, weil er zum Altbekannten gehört, zum kulturellen Inventar. Oder aber weil die Berührungspunkte mit Bibel und Kirche nicht positiv prägend waren.

Mich beschäftigt dieses Thema, weil ich selbst die Bibel als wunderbar bereichernd und unglaublich facettenreich erlebe. Als einen Schatz, den man nie ganz heben kann, weil er so reich ist.

Daher wünsche ich mir, dass dieses Quadro eine Art Türöffner für dich ist. Und als Schlüssel dient für die – vermeintlichen – sieben Siegel. Dass es für dich ein Begleiter wird auf der Entdeckungsreise in dieses großartige Werk über die Menschheitsgeschichte. Und in das Buch der Juden und Christen.

Um dir einen Zugang zur Bibel zu ermöglichen, geben dir erklärende Texte, Zitate, Fragen und Handlungsimpulse in den Kapiteln Anstöße. Ich habe immer wieder Bibelstellen und Texte angegeben, mit denen du dich im Rahmen der Kapitel befassen kannst, um tiefer einzusteigen.

Woche eins gibt dir einen ersten Überblick: Wie ist die Bibel entstanden? Was steht drin? Wie findet man sich in ihr zurecht? Du erhältst einen historischen Überblick und auch Einblick in die Hintergründe.

In der zweiten Woche lade ich dich ein, in die literarische Vielfalt der Bibel einzutauchen – nahezu jedes Genre ist vertreten: Liebesgeschichten, Fantastisches, Biografien, trostreiche Texte. Sie alle warten darauf, entdeckt zu werden.

Die dritte Woche nimmt verschiedene Aspekte unter die Lupe, die die Bibel zu einem lebensnahen Buch machen. Ein Buch, in dem man sich selbst wiederfindet, durch das Gott redet und das Erfahrungen bereithält, die man auf sein Leben übertragen kann.

In der letzten Woche dreht sich alles um die Frage, auf welche unterschiedlichen Arten man die Bibel lesen kann. Von vorne bis hinten ist nur eine der vielen Möglichkeiten. So viel vorab: Es sind etliche und jede hat ihren ganz eigenen Reiz!

Mit diesem Quadro verbinde ich zwei Wünsche: Dass du zum einen dadurch einen guten Zugang zur Bibel findest und in die Lage versetzt wirst, dir deine eigene Meinung über dieses Buch zu bilden. Und zum anderen wünsche ich mir, dass du dich in den Geschichten der Bibel wiederfindest, dass du Neues entdeckst. Und dass du dabei erlebst, dass die Bibel trotz ihres beachtlichen Alters noch immer aktuell ist und etwas mit dir und deinem Leben zu tun hat.

—Nicole Sturm

Tipps zur Anwendung

- Dieses Quadro ist in 28 Kapitel aufgeteilt. Du kannst vier Wochen lang täglich einen Abschnitt lesen und umsetzen. Wenn dich ein Kapitel besonders anspricht, dann lies es ruhig mehrmals.
- Die Kapitel können fortlaufend oder auch einzeln gelesen werden. Fang ruhig mit dem Thema an, das dich am meisten interessiert.
- Am Ende jedes Abschnittes findest du Fragen. Nimm dir Zeit, darüber nachzudenken und sie zu beantworten.
- Was schriftlich ist, wird konkret. Deshalb empfehle ich dir, deine Antworten aufzuschreiben. Mach dir Notizen, wie du die Handlungsimpulse umsetzen möchtest. Du kannst für deine Notizen ein einfaches Notizbuch verwenden oder *Mein Quadro*, das speziell für die Quadro-Serie entwickelt wurde.
- Setze die Handlungsimpulse möglichst zeitnah um. Was du selbst einmal ausprobiert hast, prägt sich tiefer ein als Dinge, die du nur liest.
- Wer passiv konsumiert, bleibt passiv. Frage dich deshalb nach jedem Lesen: Wenn ich jemandem erzählen würde, was der wichtigste Impuls für mich war – was würde ich ihm oder ihr sagen?
- Oder noch besser: Lies das Quadro gemeinsam mit deinem Partner, Freunden oder anderen an der Bibel Interessierten. Ihr werdet feststellen, dass Punkte, über die man miteinander redet, klarer werden und nachhaltiger wirken.
- Bleibe gelassen. Ein Bibelkenner wird man nicht über Nacht. Erlaube dir, in deinem eigenen Tempo zu lernen und zu entdecken.
- Mach dir eine Liste der Bibeltexte und / oder historischen Hintergründe, mit denen du dich besonders gerne beschäftigen möchtest.
- Vier Wochen sind schnell vorbei. Die Impulse können dich aber auch darüber hinaus begleiten. Notiere dir deshalb am besten schon beim Lesen des Quadros, was du dir für die Zeit danach merken willst.

Woche 1
Das besondere Buch

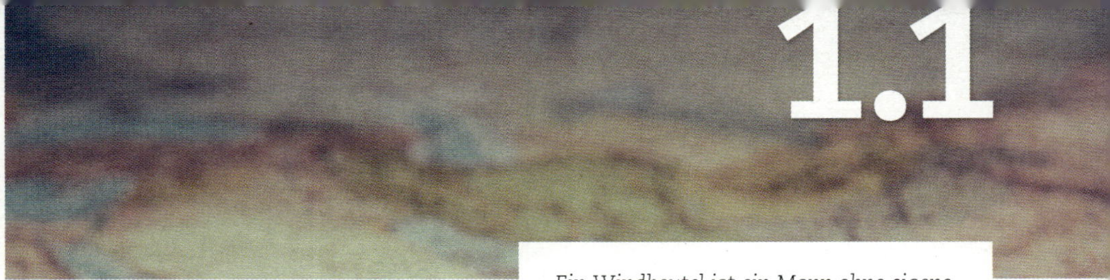

Ein Windbeutel ist ein Mann ohne eigene Meinung.

—Pavel Kosorin

Die Bibel – etwas für mich?

Zur Bibel hat fast jeder eine Meinung: Für manche hat sie vor allem historischen Reiz. Andere lieben die trostreichen lyrischen Psalmen. Und die nächsten betonen die Relevanz ihrer Texte für ihren Alltag. Andere wiederum sehen in der Bibel nichts weiter als einen Staubfänger. Daneben gibt es natürlich noch unzählige weitere Meinungen.

Meist kann man sich jedoch auf einen kleinsten gemeinsamen Nenner einigen: Die Bibel ist ein Buch mit Tradition. Und ein Buch, durch das schon viele Menschen Trost, Inspiration und Hilfe erfahren haben. Oft ist es ein Bibelvers oder eine Geschichte, die Menschen ansprechen und durch schwere Zeiten hindurch begleiten.

Trotzdem finden viele Menschen keinen rechten Zugang zu diesem »dicken Schinken«.

Das kann verschiedene Gründe haben. Zum Beispiel die Sprache mancher Übersetzungen, die teilweise recht altbacken und spröde daherkommt. Für andere ist die Aufmachung – gerade bei älteren Ausgaben – oft nicht allzu ansprechend. Ein weiterer Stolperstein kann das fehlende Wissen über den Lebenskontext der Menschen damals sein. Und dann mag auch die Geschichte der Kirche zur Zurückhaltung beitragen: Das Verhalten mancher Christen war keine gute Werbung für die Bibel, auf die sie sich berufen.

Dies alles kann Menschen davon abhalten, das Buch der Christen – die Bibel – in die Hand zu nehmen. Doch sich ein eigenes Urteil zu bilden ist allemal besser als eine vorgefasste Meinung.

Denk mal

Was versprichst du dir davon, dich mit der Bibel zu beschäftigen?

Mach mal

Bitte fünf Menschen, dir zu erzählen, ob sie schon eigene Erfahrungen mit der Bibel gemacht haben. Wenn ja, welche?

1.2

Ich will einen Bund des Friedens mit ihnen schließen.

—Hesekiel 34,25

So entstand das Alte Testament

■ Die Menschen zu Zeiten des Alten Testaments (AT) lebten in einer oralen Kultur: Sie gaben Wissen, Traditionen und Geschichten mündlich weiter.

Vereinzelt existierten später schriftliche Aufzeichnungen von Gesetzen und bedeutenden religiösen Texten. Als viele Juden ins Exil nach Babylon vertrieben wurden, hielten sie Geschichten und Gesetze schriftlich auf Hebräisch fest. Diese Texte wurden vor allem für Lesungen im Synagogen-Gottesdienst genutzt. In Haushalten waren sie nicht zu finden.

Durch das häufige Vorlesen im Gottesdienst sowie die aktive Feiertagskultur verankerten sich die Geschichten über Jahrhunderte in den Köpfen der Juden. So konnte Jesus in Gesprächen mit jüdischen Mitmenschen auf Ereignisse zurückgreifen, die Hunderte, sogar Tausende Jahre zurücklagen. Sie gehörten zum kollektiven Gedächtnis der Juden. Die ersten Christen bezeichneten die jüdischen Texte meist als »Schrift« oder »Gesetz«.

Die Texte des heutigen Alten Testaments wurden ab ca. 200 v. Chr. in Alexandria gesammelt und ins Griechische übersetzt und so über den hebräischen Sprachraum hinaus verbreitet.

Bei den Autoren des Alten – und später auch des Neuen – Testaments handelt es sich um Menschen unterschiedlichster Herkunft. Das spiegelt sich auch in den Texten wider. Christen glauben, dass Gott die Autoren durch seinen Heiligen Geist beim Schreiben gelenkt hat. Daher sind die Texte zwar menschlichen Ursprungs, jedoch von Gott inspiriert.

■ **Denk mal**

Wo hast du die ersten Geschichten aus der Bibel gehört? Und von wem?

■ **Mach mal**

Nimm dir Zeit, zu googeln oder in einem Lexikon mehr über die Entstehungsgeschichte der Bibel zu lesen.

1.3

> *Was geschrieben ist, das ist uns zur Lehre geschrieben, auf dass wir durch Geduld und Trost der Schrift Hoffnung haben.*
>
> *—Apostel Paulus, Römerbrief 15,4*

So entstand das Neue Testament

Nach Jesu Tod und Auferstehung verbreiteten sich seine Lehren schnell im Mittelmeerraum. Die Apostel verstanden: Was hier passierte, hat eine globale Bedeutung! Gott bietet nicht nur Juden, sondern allen Menschen an, in Verbindung mit Gott zu stehen.

Wenn die Apostel und Jünger Jesu außerhalb Israels diese gute Nachricht erzählten, stellten sie fest, dass Menschen, die Christen geworden waren, oft nicht wussten, wie sie den neuen Glauben im Alltag leben sollten. Daneben fehlte ihnen zum Verständnis der Hintergrund der Geschichte Gottes mit den Juden. Deshalb schrieben die Apostel – wenn sie Gemeinden wieder verlassen hatten – viele Lehrbriefe. Sie schrieben in Alltagsgriechisch, Koine, der damaligen, weithin verständlichen Weltsprache.

Jünger Jesu oder ihre Schüler beschrieben die Taten und Lehren Jesu und der Apostel, sie verfassten die vier Evangelien und die Apostelgeschichte.

Im 4. Jahrhundert stellten Kirchenführer eine Sammlung von Schriften zusammen, die fortan für alle Christen verbindlich sein sollte. Zu den Kriterien, um in diesen Kanon aufgenommen zu werden, gehörten: bestimmte inhaltliche Aspekte, die Verfasserschaft durch einen Apostel sowie die Bedeutung, die die Gemeinden den Texten zusprachen. Betend und im Vertrauen auf Gottes Führung einigten sich die Kirchenväter auf die Bücher, die wir bis heute in der Bibel finden.

Denk mal

Gibt es ein Buch in der Bibel, bei dem du dich wunderst, dass es aufgenommen wurde? Warum?

Mach mal

Lies in dieses Buch hinein – oder lies Philemon, das kürzeste Buch der Bibel. Überlege, warum dieses Buch in den Kanon aufgenommen wurde.

1.4

Ein Überblick

Wer sucht, der findet.
—Jesus, Matthäusevangelium 7,8

■ Die Bibel besteht aus zwei Teilen. Der erste Teil – das Alte Testament – besteht aus 39 Büchern. Sie erzählen die Geschichte von Gott und dem Volk Israel. Eine zentrale Rolle hierbei spielen Bünde: Verträge, die Gott mit Israel schließt (1. Mose 8,22; 2. Mose 19,5; 2. Mose 24).

Das Alte Testament, d. h. »der alte Bund«, beginnt bei der Schöpfung, beschreibt dann die Geschichte Israels, versammelt Gedichte und Lieder und endet mit den Prophetenbüchern, die auch den von Gott gesandten Retter ankündigen.

Der zweite Teil der Bibel, das Neue Testament (NT), besteht aus fünf historischen Büchern, 21 Briefen und der Offenbarung des Johannes.

In den vier Evangelien wird vom Leben und Handeln Jesu erzählt. Dort wird beschrieben, wie sich in Jesus die Vorhersagen des Alten Testaments erfüllen. Gott schließt durch ihn einen neuen Bund. Dieser gilt nicht nur dem Volk Israel, sondern steht allen Menschen offen (Lukas 22,19–20).

Bücher wurden in antiken Bibliotheken aus Platzgründen der Größe nach geordnet. Das wurde im Neuen Testament beibehalten. So sind die Paulusbriefe nicht chronologisch, sondern der Länge nach geordnet. Um sich schneller in der Bibel orientieren zu können, unterteilte der Buchdrucker Robert Etienne 1551 erstmals eine Bibel in Kapitel und Verse. So kann man mit wenigen Angaben eine Bibelstelle »kodieren«. Die Aussage »Du bist ein Wunder!« steht z.B. in Psalm 139, Vers 14. Das Inhaltsverzeichnis hilft beim Finden des Buches.

■ **Denk mal**

Die Bibel = zwei Teile = 66 Einzelbücher und über 40 Autoren. Was geht dir bei dieser Gleichung durch den Kopf?

■ **Mach mal**

Versuche, so schnell du kannst, folgende Stellen zu finden: Jeremia 33,3; Matthäus 7,7; Römer 8, 38–39.

1.5

Altes Testament – in Kürze

Die Wege Gottes sind wie ein hebräisches Buch, das man nur von hinten lesen kann.

—Martin Luther

■ Gott spricht und es geschieht: Sterne leuchten vom Himmel, Inseln entstehen, Blumen sprießen, Tiere grasen. So beginnt das Alte Testament. Der Höhepunkt: Der Mensch wird als Gegenüber Gottes geschaffen. Aber die Freundschaft erleidet einen Bruch, der sich nicht so leicht kitten lässt.

Die fünf Bücher Mose, von den Juden »Thora« genannt, erzählen die Geschichten der ersten Menschen: von Adam und Eva, von Noah, dem Erbauer der Arche, von Josef, dem Visionär und späteren Vizekönig Ägyptens, von Mose, dem Befreier aus der Gefangenschaft, und vielen mehr. Es wird auch beschrieben, wie Gott die Israeliten als sein geliebtes Volk wählt und ihnen Gebote als Hilfe für ein gelingendes Miteinander gibt.

Auf die Thora folgen die Geschichtsbücher von Josua bis Esther. Sie erzählen von Eroberung, Krieg und Frieden. In allen Hochs und Tiefs steht Gott Israel zur Seite. Selbst, wenn sie sich von ihm abwenden. Danach kommen einige lyrische Bücher und die Psalmen: Texte, Lieder und Gebete, aus denen Lebenserfahrung und Gottvertrauen sprechen. Den Abschluss bilden die prophetischen Bücher. Sie berichten vom Leben verschiedener Menschen, durch die Gott zu den Menschen gesprochen hat. Die Prophetien beinhalten Ermahnungen, Voraussagen, aber auch Ermutigung: Gott liebt die Menschen. Er wird einen Retter schicken, um sie von ihrer Schuld zu befreien und die in Bruch gegangene Gottesbeziehung wiederherzustellen.

■ **Denk mal**

Welche Bücher des Alten Testamentes kennst du?

■ **Mach mal**

Lies die ersten und letzten Abschnitte des Alten Testaments. Und vielleicht einen poetischen Text aus der Mitte. Lass sie auf dich wirken.

1.6

Neues Testament – in Kürze

Alles, was die Apostel gelehrt und geschrieben haben, das haben sie aus dem Alten Testament gezogen.
—Martin Luther

■ Das Neue Testament beginnt mit den vier Evangelien, d.h. »gute Nachricht«. Vier verschiedene Verfasser, alles Augenzeugen oder Schüler der Apostel, beschreiben das Leben Jesu, seine Geburt und Kindheit, seine Taten und Lehren, seinen Tod und seine Auferstehung.
Sie erklären: Jesus wird unschuldig zum Tod verurteilt und stirbt freiwillig qualvoll am Kreuz. Als der angekündigte Retter stirbt er stellvertretend für die Menschen, um die Strafe für ihre Schuld zu tragen. Sein Tod kann die Beziehung zu Gott wiederherstellen – das ist die Kernaussage des christlichen Glaubens. Drei Tage nach seinem Tod wird Jesus wieder lebendig – das Zeichen, dass er Macht hat und Herr über alles ist.
Er zeigt sich seinen Freunden und gibt ihnen den Auftrag, aller Welt von ihm zu erzählen. Und er kündigt das Kommen von Gottes Heiligem Geist an. Dieser wird immer bei ihnen sein und sie trösten, ermutigen und, wo nötig, korrigieren.
Die Apostelgeschichte erzählt von den ersten Christen. Die folgenden Briefe beinhalten grundlegende theologische Lehren. Und Impulse an die christlichen Gruppen, wie sie Jesu Lehre im Alltag umsetzen können. Das letzte Buch des Neuen Testaments, die Offenbarung, lenkt den Blick in die Zukunft. Sie spricht davon, dass das Böse endgültig entmachtet wird und die Menschen für ihre Taten von Gott zur Rechenschaft gezogen werden. Ein zentrales Thema im NT ist Gottes gute, ewige Herrschaft, die hier beginnt.

■ **Denk mal**
Jesus, seine Jünger, die ersten Gemeinden, der Himmel – was interessiert dich am meisten?

■ **Mach mal**
Lies Lukas 1,26–33, Apostelgeschichte 10, Epheser 1 und Offenbarung 21. Achte auf die Unterschiede.

1.7

Der rote Faden: Beziehung

Mit einem Schritt zurück wächst der Überblick.
—Walter Ludin & Anke Maggauer-Kirsche

Der rote Faden, der sich durch die Bibel zieht, heißt Beziehung und Erlösung. Gott schuf den Menschen als ein Gegenüber, mit dem er Beziehung leben kann. Doch die Menschen brechen das Vertrauen. Adam und Eva misstrauen seinen Anweisungen. Dieser Vertrauensbruch, der »Sündenfall«, hat Folgen: Gottesferne und Tod – mit all seinen Vorboten.

Trotz des Bruchs geht Gott immer wieder auf die Menschen zu: Er wählt die Israeliten als sein Volk und schließt Bünde mit ihnen. An Israel soll exemplarisch deutlich werden, wie es sich auswirkt, mit Gott verbunden zu sein.

Gott gibt den Israeliten klare Regeln – wie etwa die Zehn Gebote – und viele Versprechen von Segen. Gott verpflichtet sich ihnen gegenüber und erwartet im Gegenzug Treue. Israel bricht seinen Teil des Bundes regelmäßig und wendet sich von Gott ab. Gott schenkt seinem Volk immer wieder Beweise seiner Nähe, er versorgt und schützt es. Aber nichts hilft.

Das Dilemma: Gott hat Regeln aufgestellt, die er nicht brechen kann und will. Aber die Menschen sind unfähig, sie zu befolgen und so die Voraussetzung für die lebensspendende, tiefe Gemeinschaft zu schaffen. Die Lösung: Gott schickt einen Retter – Jesus, Sohn einer sterblichen Frau und gleichzeitig Sohn Gottes. Er nimmt stellvertretend die Schuld aller Menschen auf sich. So dass Menschen durch diesen »neuen Bund« durch Jesus wieder mit Gott versöhnt sein können.

Denk mal

Welche Geschichten aus der Bibel kennst du, die Gottes Sehnsucht nach Beziehung zu uns widerspiegeln?

Mach mal

Lies die Geschichte der Zehn Gebote in 2. Mose 19 und 20. Notiere, wie das Einhalten der einzelnen Gebote sich positiv auf das Leben auswirkt.

Woche 2
Das vielseitige Buch

2.1

Von allem etwas

Vielfalt ist die Würze des Lebens.
—Ernst von Wildenbruch

Die Bibel ist ein überaus vielfältiges Buch. Schon die in der Bibel versammelten Textarten sind von immenser Vielfalt: Stammbäume, juristische Texte, Liebeslyrik, Lieder (Psalmen), Aphorismen und Sprüche, Meditationen sind als Genre ebenso vertreten wie Biografien, Augenzeugenberichte, Briefe, Träume und Visionen.

Ihre Texte und Geschichten sind so facettenreich, komplex und abgründig, wie es die Menschen sind, von denen sie berichten.

Die ganze Bandbreite des Lebens findet Platz: Krankheit, Verzweiflung und Einsamkeit, Streit, Vergewaltigung, Krieg und Frieden, Versöhnung, Dankbarkeit und Hoffnung. Die Geschichten spielen in Zeiten von Krieg, Armut und Überfluss. Zwischenmenschliche Konflikte finden sich ebenso wie übernatürliche Ereignisse.

Die Figuren der Bibel sind Helden und Feiglinge, Freunde und Feinde, Heiler und Mörder, Herrscher und Untertanen. Es sind Frauen und Männer, Sklaven und Freie, Bettler und Könige, Singles und Paare.

Das Besondere der Bibel aber ist ihr Kontext: Im Gegensatz zum säkularen Krimi oder Liebesroman bringt die Bibel alle Begebenheiten und Menschen immer wieder in Verbindung mit Gott: mit seinem Wesen und seinen Vorstellungen und guten Absichten für die Welt.

In den Texten und Geschichten, die in der Bibel zu finden sind, leuchtet immer etwas von Gottes Zuneigung zur Menschheit durch.

Denk mal

Welches der Lebensthemen, die die Bibel aufgreift, interessiert dich auf Anhieb am meisten?

Mach mal

Lies das nur vier Kapitel kurze Buch Ruth durch. Entdecke Gottes Handeln in dieser Lebens- und Liebesgeschichte.

2.2

Liebesgeschichten

Deine Liebe ist besser als Wein!
—König Salomo, Das Hohelied 1,2

Auch Liebeslyrik – wie das zauberhafte Hohelied Salomos – und Liebesgeschichten finden sich. Manche haben ein Happy End, manche nicht.

Eine Geschichte berichtet von einem König, der sich in die Frau seines Angestellten verliebt. Eines Tages sieht er sie in der Badewanne – nackt. Er will mit ihr schlafen, am besten sofort. Der Augenblick ist günstig, denn ihr Mann ist auf einer längeren Dienstreise. Er holt sie zu sich, die beiden haben Sex – und sie wird schwanger. Der Mann der Frau ist nicht dumm. Er wird merken, dass das Baby nicht von ihm sein kann. Wäre ein als Arbeitsunfall getarnter Mord eine Option?

Was nach Groschenroman klingt, steht in der Bibel. Es ist die Geschichte von König David und Batseba. Die Bibel bringt jedoch auch Gottes Wertung zum Ausdruck. Sie macht deutlich, dass es aus Gottes Sicht Unrecht ist, die Ehe anderer Menschen zu brechen. Und obendrein noch einen Mord zu begehen, um die Sache zu verschleiern. David wird von einem geistlichen Leiter mit seinem Verhalten konfrontiert. Und schreibt Psalm 51 – ein bewegendes Lied, in dem er Gott um Vergebung bittet.

Die Bibel erzählt auch viele glückliche Liebesgeschichten. Etwa die der Stammväter Israels: von Abraham und Sarah, deren Liebe auch eine lange Kinderlosigkeit überstand, von Isaak, der in seiner Frau Rebekka viel Trost fand. Und von Jakob, Rahel und Lea, eine Dreiecksgeschichte, die allerdings etwas kompliziert war.

Denk mal

Hat es dich überrascht, Liebesgedichte und Liebesgeschichten in der Bibel zu finden? Wenn ja, wieso?

Mach mal

Lies die Liebesgeschichte von David und Batseba im Original in 2. Samuel 11–12 nach. Oder ein Kapitel aus dem Hohelied der Liebe.

Biografien

Bücher sind Erfahrungen, die man pflücken kann.

—Autor unbekannt

Wer eine Biografie liest, möchte in der Regel von der porträtierten Person fürs eigene Leben lernen. Und vielleicht auch in eine Welt eintauchen, die ihm aufgrund von Kultur, sozialem Status oder Ähnlichem fremd ist. Die Bibel hält eine ganze Palette solcher biografischer Berichte bereit. Eine kleine Auswahl:

Das Buch Esther erzählt die Geschichte eines einfachen Mädchens, das in den Harem eines Königs gebracht wird und aufgrund ihrer Schönheit zur Königin wird. Sie hat jedoch weitaus mehr zu bieten als makellose Haut: Sie ist eine Kämpferin, die ihr Leben riskiert, um ihr Volk vor dem Tod zu retten.

Im Buch Hiob bekommt man Einblick in das Leben und Denken eines Mannes, der unerwartet schwerste Schicksalsschlägen erleidet. Gott und Freunden schüttet er sein Herz aus: Fragen, Zweifel, aber auch Anklagen werden laut – bis Gott ihm eine Antwort gibt, die über alle Fragen hinausgeht.

Josef erlebt viel Ungerechtigkeit: Seine Brüder stoßen ihn aus Neid aus dem Familienverband aus. Die Frau seines Chefs reagiert auf Josefs Ablehnung ihrer Anmache mit Verleumdung; Josef landet im Gefängnis, wird aber später Vizekönig von Ägypten.

Und dann noch Noah, Mose, Rahab, Jesus, Paulus und viele mehr. Die Bibel berichtet von ganz unterschiedlichen Menschen und Situationen. Gemeinsam haben sie eins: einen Gott, der mit ihnen durchs Leben geht.

Denk mal

Über welche biblische Person möchtest du gern mehr erfahren?

Mach mal

Wähle eine biblische Person aus. Lies ihre Geschichte. Notiere, was du über Gott lernst und für dein eigenes Leben mitnehmen kannst.

2.4 Historisches

Bücher sind das papierene Gedächtnis der Menschheit.
—Arthur Schopenhauer

Wer sich über die Geschichte seines Landes informieren möchte, greift zu Geschichtsbüchern oder konsultiert das Internet. Das Volk Israel hingegen sucht seine Wurzeln auch in seinen historischen Büchern, dem biblischen Alten Testament. Denn die Bibel ist nicht nur ein theologisches Buch, sondern erzählt auch die Geschichte der Hebräer – oder wie wir heute sagen der Juden.
Das Alte Testament berichtet von Meilensteinen in der Geschichte des Volkes Israel: Schöpfung der Welt, Gottes Freundschaft mit Abraham und die Zusage, dass er Stammvater eines großen Volkes werden würde. Die Israeliten sind nach Abrahams Enkel, Jakob, benannt, der – nach einer Begegnung mit Gott – von diesem den Namen Israel bekam.
Von Zeiten der Sklaverei ist die Rede, vom Exil und der Befreiung daraus und den Geboten und Regeln, die fortan gelten sollten. Es beschreibt die verschiedenen Führer des Volkes, Krieg und Frieden.
Viele jüdische Festtage erinnern bis heute an geschichtliche Ereignisse des Volkes Israel.
Im Neuen Testament steht dann nicht mehr die Geschichte eines Volkes im Vordergrund, sondern die Erfüllung von Gottes Versprechen: Er wird einen Retter schicken, um alle Menschen wieder zu Gott zu bringen. Die Evangelien und die Apostelgeschichte sind dennoch Bücher, die von Historischem berichten. Doch liegt der Fokus der Texte im Neuen Testament auf der Erlösung und den Lehren Jesu.

Denk mal
Welche Feste kennst du, die an geschichtliche Meilensteine erinnern?

Mach mal
Lies den Hintergrund zum Passahfest, einem Meilenstein der Geschichte Israels (2. Mose 12,1–28 + 43–51).

Dass so viele inmitten all dieser Wunder nicht an Wunder glauben, ist unglaublich.

—Wilhelm Lackner

Übernatürliches

Auch Übernatürliches hat seinen Platz in der Bibel. Es ist logisch: Wenn Gott Gott ist, dann ist er auch in der Lage, Dinge zu tun, die über das »Normale« hinausgehen. Ein Wunder ist ein Ereignis, dessen Eintreffen erstaunt. Es ist eine Normabweichung, die der eigenen Erfahrung widerspricht.

Ein solches Wunder erleben die Israeliten, als sie vor den Ägyptern flüchten: vor ihnen das Meer, hinter ihnen ihre Verfolger. In dieser ausweglosen Situation teilt sich das Wasser; sie können trockenen Fußes hindurchgehen. Manche sehen darin Gottes Handeln, andere machen einen starken Wind dafür verantwortlich. Das Ergebnis ist dasselbe: Etwas Wunderbares ist geschehen – vollkommen unerwartet und gerade zur rechten Zeit!

Auch das Neue Testament berichtet von Wundern: Als Tausende von Menschen Jesus zuhören und Jesus sie nicht hungrig nach Hause schicken will, vermehrt er kurzerhand fünf Brote und zwei Fische. Die Menge wird satt. Wie? Man weiß es nicht.

Weitere Geschichten handeln unter anderem von Heilungen und sogar Auferweckung von Toten, die von vielen Menschen bezeugt wurden. Von Bewahrung in sehr heißen Feueröfen und Löwengruben, von dem überraschenden Sieg des Hirtenjungen Davids über den riesengroßen, erfahrenen Kämpfer Goliath. Und nicht zuletzt von der Verwandlung von Wasser zu Wein, als dieser bei einer trinkfesten Hochzeit peinlicherweise zu Neige gegangen war.

Denk mal

Bei welchem Wunder wärst du selbst am liebsten dabei gewesen? Wieso?

Mach mal

Erinnere dich an zwei Dinge in deinem Leben, die du anfangs für (nahezu) unmöglich gehalten hast, die aber dennoch wahr geworden sind.

2.6

Nervenkitzel

Spannung und Entspannung – diese beiden Pole bestimmen das Leben.
—Gudrun Zydek

Ich nenne meine Bibel gerne eine »Mini-Bibliothek zum Mitnehmen«. Denn bislang ist mir kein anderes Buch in die Finger gekommen, das so viele unterschiedliche Texte in sich vereint. Selbst Nervenkitzel in Form von Machtspielchen, krankhafter Eifersucht und mordenden Psychopathen findet sich hier!

Da ist zum Beispiel die Geschichte eines Regierungschefs, der notorisch eifersüchtig auf einen Untergebenen ist. Dieser hat Mut bewiesen und ist zum Liebling des Volkes geworden.

Der Machthaber bekommt es mit der Angst zu tun: Was, wenn es dieser Emporkömmling auf seinen Chefsessel abgesehen hat? In einem Tobsuchtsanfall versucht er, den jungen Mann zu töten. Der kann fliehen und es gelingt ihm, nicht zu verbittern. Im Verlauf der Geschichte geschieht manch Unerwartetes. Es ist die Geschichte vom unsicheren König Saul und dem beliebten Hirtenjungen David, der später tatsächlich König Israels wird (1. Samuel 16–24).

Die Bibel berichtet von Menschen, die teilweise unter großem Druck stehen; Menschen, die schneller handeln, als sie denken. Oder aber herausgefordert werden, die eigene Komfortzone zu verlassen. Es sind Menschen wie du und ich.

Die Bibel erzählt diese Geschichten auch, um die Botschaft zu vermitteln: Dass man Gott vertrauen kann. Dass er den Überblick behält, wenn man ihn schon längst verloren hat. Und selbst dann noch einen Ausweg weiß, wenn man selbst keinen mehr sieht.

Denk mal

Wo hast du selbst Mobbing und Intrigen erlebt? Wie hast du darauf reagiert?

Mach mal

Lies die Geschichte von David und Saul aus 1. Samuel 16–20. Was kannst du daraus lernen?

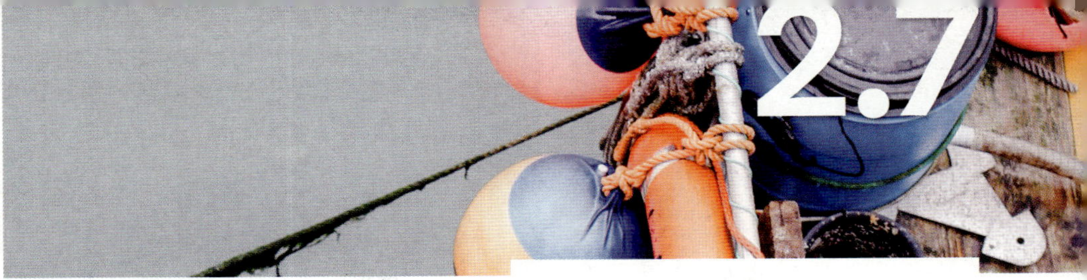

Seelentrost

Gebet ist das Atemholen der Seele.
—John Henry Newman

■ Schokolade wird häufig als »Seelentrost« bezeichnet: Sie zu essen, tut gut – zumindest bis man das nächste Mal auf die Waage steigt. Die Bibel bietet in den Psalmen – der biblischen Liedersammlung – 150 kalorienfreie Seelentröster. Hier beschreiben Menschen ihre Erfahrungen mit dem Leben – und mit Gott. Sie enthalten Worte der Ermutigung und Hoffnung. Texte voller Ehrlichkeit, die von tiefer Verzweiflung und Schuld erzählen, aber auch von neuer Hoffnung, Perspektive und Vertrauen auf Gott.

Menschen blicken auf ihr Leben zurück, ziehen Bilanz – und setzen sich Ziele für die Zukunft. Ihre Geschichten laden dazu ein, ihrem Beispiel zu folgen: Ehrlich zu sein vor Gott, Fragen zu stellen, zu bitten, zurück zu schauen, aber dann auch wieder nach vorn. Wenn einem im Gespräch mit Gott die Worte fehlen, sind die Psalmen eine unerschöpfliche Fundgrube.

In den Psalmen und über die ganze Bibel verteilt finden sich Zusagen Gottes. Manche sind an konkrete Personen, Situationen oder Voraussetzungen gebunden. Viele davon gelten jedoch allen Menschen. Diese Versprechen Gottes können trösten und die Seele neu hoffen lassen. Zu diesen Zusagen zählt, dass Gott das Gute für die Menschen möchte; dass er sie liebt und sie nichts von ihm trennen kann. Man kann sich auf Zusagen-Suche begeben – oder aber sich von den Zusagen finden lassen. Zufällig beim Bibellesen. Oft finden sie einen genau dann, wenn man sie braucht.

■ **Denk mal**

Hat dich schon einmal eine Zusage aus der Bibel angesprochen? Welche?

■ **Mach mal**

Lies Psalm 23, 27, 91 oder 139. Füge deinen Namen, deine Situation, Bitten, Fragen und Hoffnungen ein und mach ihn zu deinem Gebet.

Woche 3
Das lebensnahe Buch

3.1

Die Bibel ist wie ein Strom, der so flach ist, dass ein Lamm daraus trinken kann, und so tief, dass ein Elefant darin baden kann.

—Papst Gregor I. der Große

Die Bibel im Alltag

Die Bibel gibt Inspiration aus dem Leben, über das Leben und für das Leben. Wir können uns glücklich schätzen, jederzeit Zugang zu diesen Texten zu haben. Anderswo steht schon der Besitz einer Bibel unter Strafe. Oder es liegt keine Übersetzung in der lokalen Sprache vor.

Die Bibel ist ein Geschenk, das man auspacken, genießen und nutzen darf. Einige Christen lesen sehr regelmäßig in der Bibel, manche sogar täglich, andere eher sporadisch. Egal wie oft, lang oder kurz: Die Bibel zu lesen kann ein kraftspendender Teil des Alltags werden. Wie kann das praktisch aussehen?

Während meines Studiums habe ich nahezu täglich Bibel gelesen. Ein paar Jahre später arbeitete ich in einem Sozialprojekt mit, war verheiratet und Mutter eines Kleinkindes. Mit einem Mal wurde diese Praxis anstrengend und frustrierend. Also passte ich mein Bibellesen meiner Lebenssituation an: Wenn ich Zeit und Ruhe hatte, las ich einen ausgewählten Bibeltext. Ich nahm daraus einen Gedanken, der mich begleiten sollte. Manchmal schrieb ich mir diesen Impuls auf einen Zettel und steckte ihn ins Portemonnaie – so wurde ich immer wieder daran erinnert.

Beim Joggen und Kochen habe ich Hörbibeln schätzen gelernt. Auf diese Weise konnte ich in die Texte eintauchen und quasi nebenbei Bibel-Input tanken. Und Dank E-Book-Readern und Smartphones ist es mittlerweile auch unterwegs, beispielsweise auf dem Weg zur Arbeit, möglich, Texte aus der Bibel zu lesen.

Denk mal

Wann und wo möchtest du das Lesen der Bibel in dein Leben integrieren?

Mach mal

Setze deine Ideen um. Experimentiere eine Woche lang mit dem von dir gewählten Weg. Was sich bewährt, behalte bei.

3.2 Bibelübersetzungen weltweit

Allzu pünktliche Treue macht jede Übersetzung steif, weil unmöglich alles, was in der einen Sprache natürlich ist, es auch in der andern sein kann.
—Gotthold Ephraim Lessing

Die Orthodoxe Kirche fing schon in den ersten Jahrhunderten nach Christus an, Bibeln in den jeweiligen Landessprachen, etwa Syrisch, Äthiopisch und Slawisch, zu verwenden. In der katholischen Kirche hingegen dominierte bis ins Mittelalter die Vulgata, eine lateinische Übersetzung der Bibel. Latein war damals in der Regel nur für Priester verständlich, nicht für die meisten Menschen.

Im Mittelalter entstanden in Zentraleuropa Bibelübersetzungen in mehreren Sprachen: Tschechisch durch Huss, Englisch durch Wycliffe und Deutsch – die erste Übersetzung schon im Jahr 748! Bereits vor Luther gab es 18 deutsche Bibelübersetzungen.

Die Reformatoren Luther und Zwingli stellten selbst Übersetzungen der Bibel her und förderten ihre Verbreitung. Sie sahen den direkten Zugang zu den Texten der Bibel als wesentlich für die Vertiefung des Glaubens an. Es entstanden auch noch weitere Übersetzungen.

Weltweit gibt es etwa 6.500 Sprachen. In 2.500 davon ist die Bibel ganz übersetzt. Früher wurde die Bibel von Hand abgeschrieben – das dauerte etwa drei Jahre pro Bibel und war sehr teuer! Die ca. 1450 erfolgte Erfindung des Buchdrucks und der dadurch geförderte breitere Zugang zu Bildung ermöglichten eine rasche Verbreitung der deutschen Bibeln. Menschen konnten Bibeln zu erschwinglichen Preisen erwerben und selbstständig darin lesen. Sie konnten selbst Entdeckungen machen, forschen, hinterfragen.

Denk mal

Wie sähe die Welt heute wohl ohne (gedruckte) Bibel aus? Finde zehn Antworten.

Mach mal

Schreibe einen Text aus der Bibel von Hand ab.

Die Natur liebt Vielfalt. Warum nicht auch wir Menschen?
—Sebastian Hesse

Deutsche Bibelübersetzungen

Die Originaltexte der Bibel wurden in Hebräisch und Griechisch geschrieben. Wer die Sprachen nicht beherrscht, kann auf eine Vielzahl von Übersetzungen zurückgreifen. Die eine perfekte Übersetzung gibt es nicht: Je nach Situation, Person, Ziel und Motivation hat jede ihren ganz eigenen Reiz.
Ein kleiner Überblick:
Die *Elberfelder Bibel* ist sprachlich sehr nah am Ursprungstext, was sie zu einer guten Studienbibel macht. Zum Lesen längerer Texte ist sie für die meisten zu wenig flüssig geschrieben.
Die *Lutherbibel* sowie die *Einheitsübersetzung* sind solide, in lebendiger Sprache verfasste Übersetzungen, die gerne im kirchlichen Kontext genutzt werden.
Gute Übersetzungen in moderner, leicht verständlicher Sprache sind die *Gute Nachricht*, die *Hoffnung für Alle* sowie die derzeit erst in Teilen vorliegende *Neue Genfer Übersetzung* und die *Basisbibel*. Sie eignen sich gut für den Einstieg ins Bibellesen.
»Übertragungen« dagegen sind Bibelversionen, die sich inhaltlich an den Aussagen des biblischen Textes orientieren, diese jedoch sprachlich sehr frei ausdrücken. Teilweise werden sogar antike Beispiele, die heutzutage nur schwer verständlich sind, durch zeitgemäße Beispiele ersetzt.
Die aktuell wohl bekannteste Übertragung ist die *Volxbibel*: eine im Jugendslang geschriebene Bibel, an der Interessierte über eine Open-Source-Plattform Ideen für Formulierungen einbringen können.

Denk mal

Was ist deine Hauptmotivation, die Bibel zu lesen? Welche Übersetzung eignet sich dafür wohl am besten?

Mach mal

Geh in eine Buchhandlung oder ins Netz, z. B. zu *bibleserver.de*, um in verschiedene Bibeln hineinzulesen. Welche spricht dich am meisten an?

3.4

Gott entdecken

Gott sagt »Du« zu uns. Wir finden ihn nur, wenn auch wir zu ihm »Du« sagen.
—Papst Johannes Paul II.

Als Kind schüchtern, als Teenager abenteuerlustig, als Vater bzw. Mutter eines Kindes sicherheitsliebend, im hohen Alter reflektiert und gelassen. Menschen verändern sich im Laufe des Lebens und entwickeln sich weiter. Doch Gott bleibt immer derselbe. Er verändert sich nicht. So stellt er sich selbst vor.

Was auf den ersten Blick wie ein Makel erscheint – wer will schon gerne berechenbar sein? –, ist im Grunde ein Qualitätsmerkmal: Gott ist in sich vollständig und kann deshalb bis in alle Ewigkeit derselbe bleiben.

In der Bibel beschreiben Menschen, die ihn erlebt haben, Gottes Handeln und seinen Charakter. Einige Autoren gehen deduktiv vor: Sie beschreiben etwas und ziehen dann aus dem Erlebten Schlussfolgerungen. Sie finden Worte, um zusammenfassend Gottes Charakter, seine Werte, seine Wünsche und Pläne zu beschreiben.

Andere Autoren gehen eher induktiv vor: Sie erzählen ohne Urteil eine Geschichte. Dann lassen sie den Leser selbst Schlussfolgerungen ziehen.

Es gibt ein ganzes Buch in der Bibel – das Buch Esther –, in dem Gott kein einziges Mal erwähnt wird. Der Autor traut den Lesern zu, Gottes Handeln zwischen den Zeilen zu erkennen.

Beide Kommunikationsformen haben Vor- und Nachteile. Deduktives Vorgehen mit klaren Schlussfolgerungen »So ist Gott« macht es leichter, erspart eigenes Denken. Induktives Vorgehen fördert Nachdenken, kann aber auch zu falschen Schlüssen führen.

Denk mal

Welche Eigenschaften assoziierst du mit Gott?

Mach mal

Lies in den Evangelien etwas über das Handeln Jesu. Welche Schlüsse ziehst du daraus über Gottes Charakter?

3.5

Die Bibel, das Wort Gottes, kann nie alt werden oder aus der Mode kommen, denn das Leben selbst ist alterslos, ist zeitlos, ist ewig – so ewig wie Gott, von dem es kommt!

—Gudrun Zydek

Schlüsse ziehen

■ Die meisten Menschen lesen in der Bibel, um Gott zu entdecken oder besser kennen zu lernen und auch um Antworten auf wichtige Fragen zu finden. Um nicht auf Abwege zu geraten, ist es wichtig, angemessen mit den biblischen Texten umzugehen.

Die Bibel beschreibt Gottes Handeln und sein Wesen. Es gibt viele biblische Aussagen Gottes, die für alle Menschen und Zeiten gelten. Genauso gibt es aber Aussagen in der Bibel, die Gott gegenüber einer einzelnen Person oder einer Gruppe in einer konkreten Situation gemacht hat. Diese gelten erst einmal nur ihnen. So hat Gott etwa Abraham versprochen, dass aus seinen Nachkommen ein großes Volk entstehen wird. Diese Aussage kann nicht jeder Mensch zu jeder Zeit für sich beanspruchen oder von Gott einfordern: »Gott, du hast gesagt ›Ich will aus dir ein großes Volk machen!‹ Jetzt mach das mal!«

Hier wäre es sinnvoller, sich zu fragen: Was bringt diese Zusage zum Ausdruck? Das ist womöglich die Tatsache, dass Gott seine Freunde gerne beschenkt und möchte, dass Abraham Einfluss bekommt und etwas hinterlassen kann. Hat man die Grundidee extrahiert, kann man sich weiter fragen, worum man Gott bitten möchte. Man kann also nicht jede Zusage Gottes 1:1 auf sich beziehen. Und doch ist es gut möglich, dass Gott Worte nutzt, die ursprünglich jemand anderem galten, um einem selbst etwas zuzusagen oder Mut zu machen.

■ **Denk mal**

Wann hast du schon einmal die Erfahrung gemacht, dass eine Zusage der Bibel dich persönlich ansprach?

■ **Mach mal**

Lies Josua 1,5–7, Matthäus 28,20, Markus 10,46–52 und Römer 8,31–39. Überlege, welche der Aussagen dir heute gelten könnten, welche nicht.

3.6

Sich wiederfinden

Wenn wir schätzen, was uns mit anderen verbindet, wird das Trennende unwichtig.
—Ernst Ferstl

Die Geschichten der Bibel ereigneten sich in anderen Kulturkreisen in vergangenen Zeiten. Dennoch erleben Menschen rund um die Welt beim Lesen der Bibel eine tiefe Verbundenheit mit den Geschichten – unabhängig von Alter, Geschlecht oder Herkunft.
Das liegt zum einen daran, dass viele Geschichten universelle Erfahrungen und Wahrheiten beschreiben, in denen die Leser sich wiedererkennen: Liebeskummer, Kinderlosigkeit, Zurückgesetztsein, freudige Überraschungen, Not, Ungerechtigkeit, Glück. Die ganze Palette des Lebens, die auch Jahrtausende später noch aktuell ist.
Viele Menschen fragen sich – angesichts von Krankheit, Leid, Tod und Ungerechtigkeit: Kann man Gott selbst dann vertrauen, wenn man sein Handeln nicht versteht? Die Frage ist heute so aktuell wie damals. Es gibt unglaublich viel Leid in der Welt. Oft genügt schon ein Blick in den Freundeskreis oder in die Nachrichten.
Auch der biblische Hiob stellt sich die Frage nach dem Ursprung von Leid, als seine Welt zusammenbricht. Alle bisherigen Denkmuster, Freunde und Familie bieten ihm keine Hilfe. Hiob ringt damit – und mit Gott. Er begegnet ihm und findet eine Antwort, die über alles Fragen hinausgeht: »Es liegt nicht alle Last der Welt auf deinen Schultern. Es hängt nicht alles an dir. Ich bin Gott. Du bist es nicht. Vertraue mir.«
Eine Geschichte, in der sich viele wiederfinden.

Denk mal
Welches Thema oder welche Frage beschäftigt dich gerade besonders?

Mach mal
Überlege dir, in welchen Situationen sich die Menschen zu Zeiten der Bibel mit ganz ähnlichen Fragen auseinandergesetzt haben wie du. Lies die Texte, die das beschreiben.

3.7

Vorbilder entdecken

Lesen befähigt uns, von anderen auf deren Kosten zu lernen.
—Calvin Coolidge

■ Wer liest und erfährt, wie andere etwas gut machen, wird davon geprägt. Und kann die Impulse ins eigene Leben übertragen.

Das Lesen der Bibel gleicht einer Inspirationszeit, aus der man viel für das eigene Leben mitnehmen kann. Beispielsweise kann man in der Bibel lesen, dass das eigene Handeln Konsequenzen hat – für einen selbst und / oder das eigene Umfeld. Die Auswirkungen können klein oder groß sein, positiv oder negativ, offensichtlich oder erst mit zeitlichem Abstand wahrnehmbar. Denn als Mensch existiert man nicht losgelöst, sondern als Teil eines Systems, etwa einer Familie, Firma oder eines Freundeskreises.

So traf etwa die junge Esther, als sie in den Harem des Königs geschickt wurde, die Entscheidung, einem erfahrenen Berater zu vertrauen. Das hatte positive Folgen. Sie wurde zur Königin und konnte später ihren Einfluss nutzen, um ihr Volk aus einer Notlage zu retten.

Beim Lesen von biblischen Texten und Geschichten kann man sich fragen: Welches Verhalten wird hier empfohlen? Welchen Charakterzug zeigt diese Person, den ich auch entwickeln möchte? Und dann weiter überlegen: Wie sähe das in meinem Leben aus?

Ein Bild sagt mehr als tausend Worte. Wer ein Bild für das eigene Handeln entwickelt, bahnt quasi im Gehirn schon Wege vor. Er kann das gewünschte Verhalten dann leichter in der Praxis umsetzen. Du kannst auch Gott um seine Hilfe bei der Umsetzung bitten.

■ **Denk mal**

Welche Menschen aus der Bibel sind für dich Vorbilder? Wofür?

■ **Mach mal**

Lies ihre Geschichte/n noch mal nach. Und dann stelle dir bildlich vor, wie du in deinem Kontext ähnlich handelst.

Woche 4
Das lesenswerte Buch

Überblicks-Lesen

Man sollte nur hinter einer Sache stehen,
wenn man sie überblicken kann.
—Michael Richter

■ Als Bibeln noch teuer waren, wurden Bibeltexte lediglich in Gottesdiensten vorgelesen. Erst später verbreitete sich die Praxis, Texte leise zu lesen. Heute kann jeder die Bibel selbst lesen – auf verschiedene Art. Man kann längere Abschnitte am Stück lesen oder sich intensiv in einzelne Verse vertiefen, Nachforschungen zu bestimmten Themen anstellen oder Texte meditativ betrachten.
Eine einzig richtige Art des Bibellesens existiert nicht. Dennoch gibt es Texte, für die sich die eine oder andere Lesart besser eignet. Die geschichtlichen Bücher der Bibel, 1. Mose bis Esther wie auch die Evangelien und die Apostelgeschichte, lassen sich gut in größeren Abschnitten von vorn bis hinten lesen. Am besten in einer modernen Übersetzung.
Bei geschichtlichen Büchern geht es vor allem darum, in Gottes Handeln mit den Menschen einzutauchen. Durch das Lesen längerer Abschnitte erhält man schnell einen Überblick.
Wer einmal die ganze Bibel lesen mag, kann das von vorne bis hinten tun. Allerdings sind nicht alle Texte der Bibel chronologisch in der Reihenfolge der Ereignisse angeordnet, was das Verständnis erschweren kann.
Es gibt im Internet Pläne, die auflisten, wie man die Bibel chronologisch oder nach Textgattungen sortiert lesen kann.
Die wichtigsten Geschichten und großen Zusammenhänge zu kennen ist sinnvoll, wenn man nicht nur einen Flickenteppich an Wissen über die Bibel haben will.

■ **Denk mal**
Welches biblische Buch könnte ein guter Start ins »Überblicks-Lesen« sein?

■ **Mach mal**
Verschaffe dir einen Überblick über verschiedene Möglichkeiten, die Bibel ganz zu lesen: *bit.ly/bibelleseplaene*

Intensiv lesen

Lesen ist Essen, Denken ist Verdauen.
—Manfred Hinrich

Für ein vertieftes Verständnis der Bibel braucht es beides: Überblickswissen, das man sich beim Lesen längerer Textabschnitte aneignet, und den Blick für Details, den man durch die Lektüre kleinerer Textmengen gewinnt.
Die jahrzehntelange Wüstenwanderung des Volkes Israel durch die Wüste Vers für Vers nachzuvollziehen wäre ermüdend. Besser geeignet fürs Intensiv-Lesen sind beispielsweise die Predigten und Gleichnisse Jesu oder die Sprüche Salomos, bei denen in wenigen Versen eine tiefe Lebensweisheit formuliert wird. Diese Verse kann man immer wieder lesen und darüber nachdenken, bis man ihrer Bedeutung näher gekommen ist.
Gleiches gilt für die Psalmen, Gesetzestexte sowie die Evangelien und Lehrbriefe: Sie lassen sich in kürzere Passagen gliedern. Die Größe einer »Portion« kann zwischen einem einzelnen Vers und einem in sich geschlossenen Abschnitt von 10-15 Versen variieren.

Beim Intensiv-Lesen ist es sinnvoll, den Kontext zu beachten: Was ist vorher passiert? Wer ist angesprochen? Welche Reaktion wird hervorgerufen? Dieses Eintauchen fordert den Leser heraus, den Inhalt zu verdauen: Was ist die Botschaft dieses Textes? Und was hat das mit mir und meinem Leben zu tun?
Oft schreibe ich mir Verse heraus, die mich besonders ansprechen, um weiter darüber nachzudenken. In ein Notizbuch oder ins Handy. So begleitet mich ein Gedanke über eine längere Zeit.

Denk mal
Welcher biblische Text könnte für dich ein guter Start ins Intensiv-Lesen sein?

Mach mal
Nimm dir Zeit, um einen Bibeltext, z.B. Matthäus 7,7, mehrmals zu lesen. Wirf einen Blick auf den Kontext und mach dir Notizen.

Es gibt Menschen, bei denen erschöpft sich ein Thema in dem, was andere darüber gesagt haben.
—Stefan Fleischer

Thematisch lesen

Beim thematischen Lesen geht es darum, sich einen Überblick über einen Themenkomplex zu verschaffen. Das kann ein theologisches Thema wie »Gebet«, »Erlösung« oder »Bund mit Gott« sein. Oder ein lebenspraktisches Thema, das sich aus dem Alltag ergibt, z. B. die Frage nach der Führung Gottes – wenn man gerade vor wichtigen Entscheidungen steht.
Die Bibel erzählt von Menschen, die freiwillig oder unfreiwillig vor Veränderung, Neuorientierung und Ungewissheit standen. Wenn man ihre Geschichten entdecken will, kann man passende Suchbegriffe zusammentragen wie »Führung«, »Zukunft«, »Orientierung«. Und diese dann nachschlagen.
Hierfür eignen sich Bibellexika oder biblische Wörterbücher, sogenannte Konkordanzen, die einen ersten Überblick geben. Die Artikel in Bibellexika enthalten oftmals weiterführende Hinweise auf wichtige Bibelstellen sowie relevante Suchbegriffe und verwandte Themen. Wortkonkordanzen zur Bibel systematisieren die Bibel nach relevanten Begriffen. Lexika und Konkordanzen gibt es sowohl gedruckt als auch im Internet.
Auch das Themen- bzw. Schlagwortverzeichnis am Ende vieler Bibelausgaben ist eine gute Quelle. Manchmal verweisen auch Fußnoten in einem Text auf Passagen, die für das Thema von Bedeutung sein könnten. Wer gern thematisch arbeitet, für den lohnt sich die Investition in eine Studienbibel, die zahlreiche Querverbindungen zwischen Bibeltexten aufzeigt.

Denk mal
Welche Frage bzw. welches Thema beschäftigt dich gerade?

Mach mal
Benenne zu deiner Frage ein Oberthema und leite davon etwa fünf Suchbegriffe ab. Schlage sie nach und notiere dir gewonnene Erkenntnisse.

4.4

Lesen mit Hilfsmitteln

Gewiss, gewiss, Bücher erklären die Welt! Wer aber erklärt mir die Bücher?
—Martin Gerhard Reisenberg

Die Bibel zu verstehen kann gerade zu Beginn herausfordernd sein. Zum einen empfiehlt sich da Gelassenheit. Kümmere dich nicht so sehr um die Stellen, die du nicht verstehst. Lass dich erst mal von den Texten prägen, die du verstehst.

Zum anderen empfehlen sich Hilfsmittel wie Bibellesehilfen. Meist geben sie einen Textabschnitt vor und bieten dazu Fragen, Impulse und Hintergrundinformationen. Manche sind thematisch aufgebaut, andere lesen fortlaufend einen Bibeltext. Bibellesehilfen gibt es für verschiedene Altersgruppen und Themen.

Hilfreich können auch Bibellexika sein, die nach Stichworten geordnet Hintergründe erklären. Oder Bibelkommentare, die Bibeltexte Vers für Vers erklären, kommentieren und deuten und Bezüge zu anderen Textpassagen herstellen.

Aufschlussreich kann es sein, verschiedene Übersetzungen eines Bibeltextes zu lesen – wer Fremdsprachen beherrscht sogar in einer anderen Sprache. Oft ist eine Formulierung griffiger und somit besser verständlich oder ansprechender als eine andere. Auf *bibleserver.com* und *biblegateway.com* gibt es z. B. kostenlos viele deutsche und fremdsprachige Übersetzungen und Lexika.

Die beste Hilfe sind jedoch Menschen, die ebenfalls die Bibel entdecken. Viele Gemeinden bieten Kleingruppen oder Hauskreise an, in denen das gemeinsame Lesen der Bibel sowie der Austausch darüber fester Bestandteil sind.

Denk mal

An welchem Punkt wünschst du dir Unterstützung beim Entdecken der Bibel? Wie kannst du sie erhalten?

Mach mal

Lies 5. Mose 22,8. Wähle mindestens ein Hilfsmittel, um mehr darüber zu erfahren, was es mit dem Geländer auf sich hat.

4.5

Phantasievoll lesen

Wer die Perspektive ändert, sieht die Dinge in einem ganz anderen Licht.
—Engelbert Schinkel

Die Bibel steckt voller wunderbarer Geschichten. Man kann sie einfach so herunterlesen. Oder laut – mit verschiedenen Stimmen für die unterschiedlichen Personen, die sprechen. Das geht in Gruppen sehr gut.

Beim perspektivischen Lesen versucht man zuerst, den Text möglichst neutral zu lesen. Welche Personen sind beteiligt? Wo findet das Ereignis statt? Was ist das Oberthema? Anschließend schlüpft man in die Haut einer Person oder mehrerer Personen. Man fragt sich: Wie erleben sie die Situation? Was sind ihre Hoffnungen und Ängste? Zum Beispiel die Kreuzigung Jesu in Matthäus 27: Wie erleben einzelne Personen die Situation?

Jesus: Wie ergeht es ihm? Schmerzen und Durst setzen dem zu Unrecht Verurteilten zu. Obwohl er flüchten könnte, verharrt Jesus am Kreuz. Erstmalig erlebt er Gottesferne.

Seine Mutter Maria: Sie muss zusehen, wie ihr Sohn stirbt. Zweifelt sie an Gottes Güte?

Die Soldaten: Wie ist ihre Haltung? Haben sie Zweifel an der Rechtmäßigkeit dieser Hinrichtung? Was beschäftigt sie?

Oder man kann sich vorstellen, man hätte ein Video dazu gedreht und müsste ihm eine spannende Beschreibung geben, zum Beispiel zu Johannes 8,1–11: »Alle wollten die unmoralische Frau umbringen. Was dann geschah, erstaunte alle …«

Die Bibel phantasievoll zu lesen, ist mit Spekulation verbunden. Aber es hilft, tiefer in das Geschehen einzutauchen, um es zu verstehen.

Denk mal

Welche Figur aus der Bibel ist dir besonders nahe?

Mach mal

Lies die Geschichte von Maria und Martha in Lukas 10,38–42. Welche neuen Einsichten gewinnst du durch den Perspektivwechsel?

4.6 Mehrfach lesen

Menschen sind Forscher. Forscher bewahren sich ihr Kinder-Warum.
—Manfred Hinrich

■ Eine Möglichkeit, alleine oder auch in Gruppen einen Bibeltext tiefer auf sich wirken zu lassen, ist ihn mehrfach mit verschiedenen Fragestellungen zu lesen. Der Vorteil dieses Vorgehens ist, dass sich in Gruppen auch mit der Bibel unerfahrene Menschen daran beteiligen können. Es ist sinnvoll, Texte auszuwählen, die kurz und relativ leicht verständlich sind.
Wer möchte, kann vor Beginn des Lesens beten und Gott bitten, zu ihm zu sprechen.
So geht es:
Schritt 1: Beim ersten Mal liest man den Text einfach nur durch oder vor.
Schritt 2: Beim zweiten Mal versucht man, innerlich zu hören, was einen anspricht. Das kann man notieren oder – in einer Gruppe – den anderen mitteilen. Wichtig in Gruppen ist, dass nicht über das Gesagte diskutiert wird. Man nimmt nur auf, was der andere mitteilt. Das kann sehr faszinierend sein, weil unterschiedliche Menschen von ganz verschiedenen Gedanken angesprochen werden.
Schritt 3: Beim dritten Lesen stellt man sich die Frage: Wozu fordert Gott mich auf? Die Bibel will uns ja zum Handeln inspirieren. Auch hierzu kann man sich Notizen machen oder die Gedanken in einer Gruppe mit anderen teilen.
Schritt 4: Nochmaliges Lesen oder Hören des Textes.
Wer möchte, kann anschließend noch beten, Gott für das danken, was ihn angesprochen hat, oder auch um Hilfe bei der Umsetzung von Entscheidungen bitten.

■ **Denk mal**
Was hilft dir dabei, Bibeltexte auf dich wirken zu lassen?

■ **Mach mal**
Lies Markus 4,35–41 nach der beschriebenen Art und Weise.

Ein Gebet kann ein Gespräch mit einem Freund sein.
—Engelbert Schinkel

Betend lesen

Beten und lesen – geht das gleichzeitig? Gebet ist im Grunde nichts anderes als ein Gespräch mit Gott. Und natürlich macht es Sinn, beim Lesen der Bibel auch mit Gott selbst ins Gespräch über das Gelesene zu kommen.
Die Zeit des Bibellesens kann man mit einer Einladung an Gott beginnen: »Gott, ich nehme mir jetzt Zeit, um in der Bibel zu lesen. Ich lade dich ein, zu mir zu sprechen. Hilf mir zu verstehen, was ich lese. Und zeige mir, was das mit mir und meinem Leben zu tun hat.« Beim Lesen selbst darf man sich Zeit lassen, um die gelesenen Worte wirken zu lassen, in sich hineinzuhören und zu reflektieren.
Man kann Passagen aufgreifen und Gott ein Lob für sein Handeln aussprechen: »Ich finde es beeindruckend, was du hier getan hast! Wow!« Oder man kann ein tröstendes Wort für sich annehmen: »Du sagst hier, dass du ein guter, schützender Hirte bist. Ich habe Angst vor Mobbing. Lass mich heute Schutz erleben.«
Man kann auch Fragen an Gott richten und ihm sagen, was einem unlogisch erscheint, was man nicht versteht oder selbst gerne erleben würde. Es gibt keine Tabus in dem, was man mit Gott beredet: Gedanken, Gefühle, Fragen, Zweifel – alles hat seinen Platz. Das offene Gespräch mit Gott macht das Lesen in der Bibel lebendig und ehrlich. Gott redet auch. Manchmal nehmen wir seine Kommunikation auch wahr: durch einen Gedanken, der die bisherigen ergänzt. Durch eine tiefe innere Ruhe. Oder indem man den Alltag mit anderen Augen sehen kann. Weil er da ist.

Denk mal
Was macht für dich ein Gebet aus? Was gehört für dich zum Beten dazu?

Mach mal
Lies einen Psalm, z.B. Psalm 25, oder einen Text aus den Evangelien. Sprich mit Gott darüber, was dich bewegt.

Bemerkenswertes zum Ende

- Folgendes Neues habe ich über die Bibel entdeckt:

- Diese Gedanken sind mir wichtig geworden. Das will ich auf keinen Fall vergessen:

- In der nächsten Zeit will ich folgende Dinge konkret angehen:

Ich freue mich über Rückmeldungen zu diesem Quadro.
Am einfachsten erreichst du mich per E-Mail:
kontakt@wortbeweger.de
Gerne kannst du auch auf meiner Homepage vorbeischauen:
www.wortbeweger.de